MASSIMO WOLKE
Furzende Pferde
DAS MALBUCH

MASSIMO WOLKE
Furzende Pferde
DAS MALBUCH

Bibliografische Information der Deutschen Nationalbibliothek:
Die Deutsche Nationalbibliothek verzeichnet diese Publikation in
der Deutschen Nationalbibliografie; detaillierte bibliografische
Daten sind im Internet über http://dnb.dnb.de abrufbar.

© 2017 Massimo Wolke
Herstellung und Verlag:
BoD – Books on Demand, Norderstadt

ISBN: 978-3-7431-8123-6

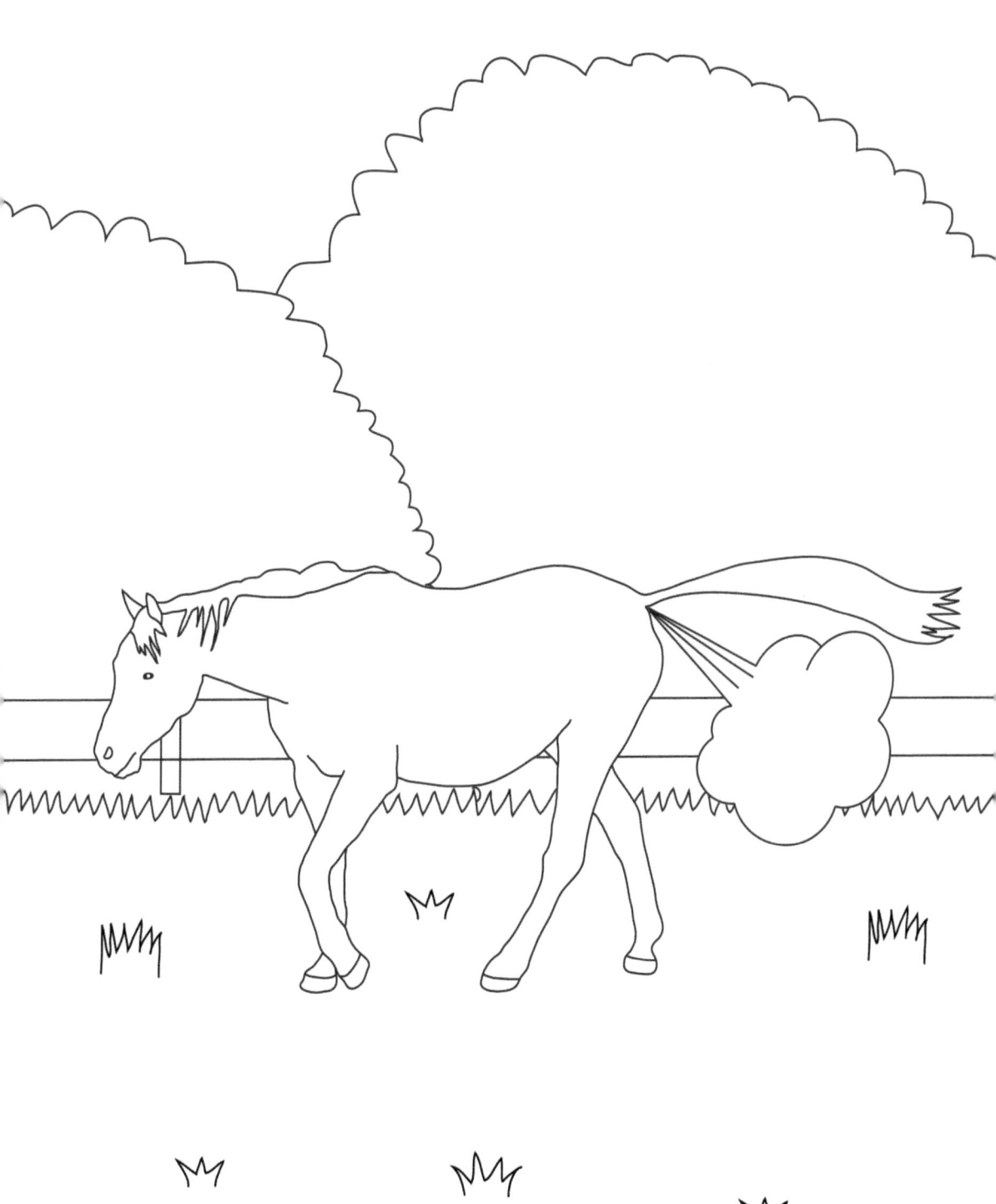